中华人民共和国
国家安全法

中国法制出版社

中华人民共和国国家安全法

ZHONGHUA RENMIN GONGHEGUO GUOJIA ANQUANFA

经销/新华书店

印刷/保定市中画美凯印刷有限公司

开本/850×1168 毫米　32　　印张/1　字数/14 千

版次/2015 年 7 月第 1 版　　2025 年 2 月第 27 次印刷

中国法制出版社出版

书号 ISBN 978-7-5093-6541-0　　定价：4.00 元

北京市西城区西便门西里甲 16 号西便门办公区

邮政编码：100053　　传真：010-63141600

网址：http：//www.zgfzs.com　　编辑部电话：010-63141673

市场营销部电话：010-63141612　　印务部电话：010-63141606

（如有印装质量问题，请与本社印务部联系。）

目　　录

中华人民共和国主席令

第二十九号

《中华人民共和国国家安全法》已由中华人民共和国第十二届全国人民代表大会常务委员会第十五次会议于2015年7月1日通过，现予公布，自公布之日起施行。

中华人民共和国主席　习近平

2015年7月1日

中华人民共和国国家安全法

（2015年7月1日第十二届全国人民代表大会常务委员会第十五次会议通过）

目　　录

第一章　总　　则

第一条　为了维护国家安全，保卫人民民主专政的政权和中国特色社会主义制度，保护人民的根本利益，保障改革开放和社会主义现代化建设的顺利进行，实现中华民族伟大复兴，根据宪法，制定本法。

第二条　国家安全是指国家政权、主权、统一和领土完整、人民福祉、经济社会可持续发展和国家其他重大利益相对处于没有危险和不受内外威胁的状态，以及保障持续安全状态的能力。

第三条　国家安全工作应当坚持总体国家安全观，以人民安全为宗旨，以政治安全为根本，以经济安全为基础，以军事、文化、社会安全为保障，以促进国际安全为依托，维护各领域国家安全，构建国家安全体系，走中国特色国家安全道路。

第四条　坚持中国共产党对国家安全工作的领导，建立集中统一、高效权威的国家安全领导体制。

第五条　中央国家安全领导机构负责国家安全工作的决策和议事协调，研究制定、指导实施国家安全战略和有关重大方针政策，统筹协调国家安全重大事项和重要工作，推动国家安全法治建设。

第六条 国家制定并不断完善国家安全战略，全面评估国际、国内安全形势，明确国家安全战略的指导方针、中长期目标、重点领域的国家安全政策、工作任务和措施。

第七条 维护国家安全，应当遵守宪法和法律，坚持社会主义法治原则，尊重和保障人权，依法保护公民的权利和自由。

第八条 维护国家安全，应当与经济社会发展相协调。

国家安全工作应当统筹内部安全和外部安全、国土安全和国民安全、传统安全和非传统安全、自身安全和共同安全。

第九条 维护国家安全，应当坚持预防为主、标本兼治，专门工作与群众路线相结合，充分发挥专门机关和其他有关机关维护国家安全的职能作用，广泛动员公民和组织，防范、制止和依法惩治危害国家安全的行为。

第十条 维护国家安全，应当坚持互信、互利、平等、协作，积极同外国政府和国际组织开展安全交流合作，履行国际安全义务，促进共同安全，维护世界和平。

第十一条 中华人民共和国公民、一切国家机关和武装力量、各政党和各人民团体、企业事业组织和其他社会组织，都有维护国家安全的责任和义务。

中国的主权和领土完整不容侵犯和分割。维护国家主权、统一和领土完整是包括港澳同胞和台湾同胞在内的全中国人民的共同义务。

第十二条 国家对在维护国家安全工作中作出突出贡献的个人和组织给予表彰和奖励。

第十三条 国家机关工作人员在国家安全工作和涉及国家安全活动中，滥用职权、玩忽职守、徇私舞弊的，依法追究法律责任。

任何个人和组织违反本法和有关法律，不履行维护国家安全义务或者从事危害国家安全活动的，依法追究法律责任。

第十四条 每年4月15日为全民国家安全教育日。

第二章 维护国家安全的任务

第十五条 国家坚持中国共产党的领导，维护中国特色社会主义制度，发展社会主义民主政治，健全社会主义法治，强化权力运行制约和监督机制，保障人民当家作主的各项权利。

国家防范、制止和依法惩治任何叛国、分裂国家、煽动叛乱、颠覆或者煽动颠覆人民民主专政政权的行为；防范、制止和依法惩治窃取、泄露国家秘密等危害国家安全的行为；防范、制止和依法惩治境外势力的渗透、破坏、颠覆、分裂活动。

第十六条 国家维护和发展最广大人民的根本利益，保卫人民安全，创造良好生存发展条件和安定工作生活环境，保障公民的生命财产安全和其他合法权益。

第十七条 国家加强边防、海防和空防建设，采取一切必要的防卫和管控措施，保卫领陆、内水、领海和领空安全，维护国家领土主权和海洋权益。

第十八条 国家加强武装力量革命化、现代化、正规化建设，建设与保卫国家安全和发展利益需要相适应的武装力量；实施积极防御军事战略方针，防备和抵御侵略，制止武装颠覆和分裂；开展国际军事安全合作，实施联合国维和、国际救援、海上护航和维护国家海外利益的军事行动，维护国家主权、安全、领土完整、发展利益和世界和平。

第十九条 国家维护国家基本经济制度和社会主义市场经济秩序，健全预防和化解经济安全风险的制度机制，保障关系国民经济命脉的重要行业和关键领域、重点产业、重大基础设施和重大建设项目以及其他重大经济利益安全。

第二十条 国家健全金融宏观审慎管理和金融风险防范、处置机制，加强金融基础设施和基础能力建设，防范和化解系统性、区域性金融风险，防范和抵御外部金融风险的冲击。

第二十一条 国家合理利用和保护资源能源，有效管控战略资源能源的开发，加强战略资源能源储备，完善资源能源运输战略通道建设和安全保护措施，加强国际资源能源合作，全面提升应急保障能力，保障经济社会发展所需的资源能源持续、可靠和有效供给。

第二十二条 国家健全粮食安全保障体系，保护和提高粮食综合生产能力，完善粮食储备制度、流通体系和市场调控机制，健全粮食安全预警制度，保障粮食供给和质量安全。

第二十三条 国家坚持社会主义先进文化前进方向，继承和弘扬中华民族优秀传统文化，培育和践行社会主义核心价值观，防范和抵制不良文化的影响，掌握意识形态领域主导权，增强文化整体实力和竞争力。

第二十四条 国家加强自主创新能力建设，加快发展自主可控的战略高新技术和重要领域核心关键技术，加强知识产权的运用、保护和科技保密能力建设，保障重大技术和工程的安全。

第二十五条 国家建设网络与信息安全保障体系，提升网络与信息安全保护能力，加强网络和信息技术的创新研究和开发应用，实现网络和信息核心技术、关键基础设施和重要领域信息系统及数据的安全可控；加强网络管理，防范、制止和依法惩治网络攻击、网络入侵、网络窃密、散布违法有害信息等网络违法犯罪行为，维护国家网络空间主权、安全和发展利益。

第二十六条 国家坚持和完善民族区域自治制度，巩固和发展平等团结互助和谐的社会主义民族关系。坚持各民族一律平等，加强民族交往、交流、交融，防范、制止和依法惩治民族分裂活动，维护国家统一、民族团结和社会和谐，实现各民族共同团结奋斗、共同繁荣发展。

第二十七条 国家依法保护公民宗教信仰自由和正常宗教活动，坚持宗教独立自主自办的原则，防范、制止和依法惩治利用宗教名义进行危害国家安全的违法犯罪活动，反对境外势力干涉境内宗教事务，维护正常宗教活动秩序。

国家依法取缔邪教组织，防范、制止和依法惩治邪教违法犯罪活动。

第二十八条 国家反对一切形式的恐怖主义和极端主义，加强防范和处置恐怖主义的能力建设，依法开展情报、调查、防范、处置以及资金监管等工作，依法取缔恐怖活动组织和严厉惩治暴力恐怖活动。

第二十九条 国家健全有效预防和化解社会矛盾的体制机制，健全公共安全体系，积极预防、减少和化解社会矛盾，妥善处置公共卫生、社会安全等影响国家安全和社会稳定的突发事件，促进社会和谐，维护公共安全和社会安定。

第三十条 国家完善生态环境保护制度体系，加大生态建设和环境保护力度，划定生态保护红线，强化生态风险的预警和防控，妥善处置突发环境事件，保障人民赖以生存发展的大气、水、土壤等自然环境和条件不受威胁和破坏，促进人与自然和谐发展。

第三十一条 国家坚持和平利用核能和核技术，加强国际合作，防止核扩散，完善防扩散机制，加强对核设施、核材料、核活动和核废料处置的安全管理、监管和保护，加强核事故应急体系和应急能力建设，防止、控制和消除核事故对公民生命健康和生态环境的危害，不断增强有效应对和防范核威胁、核攻击的能力。

第三十二条 国家坚持和平探索和利用外层空间、国际海底区域和极地，增强安全进出、科学考察、开发利用的能力，加强国际合作，维护我国在外层空间、国际海底区域和极地的活动、资产和其他利益的安全。

第三十三条 国家依法采取必要措施，保护海外中国公民、组织和机构的安全和正当权益，保护国家的海外利益不受威胁和侵害。

第三十四条 国家根据经济社会发展和国家发展利益的需要，不断完善维护国家安全的任务。

第三章　维护国家安全的职责

第三十五条　全国人民代表大会依照宪法规定，决定战争和和平的问题，行使宪法规定的涉及国家安全的其他职权。

全国人民代表大会常务委员会依照宪法规定，决定战争状态的宣布，决定全国总动员或者局部动员，决定全国或者个别省、自治区、直辖市进入紧急状态，行使宪法规定的和全国人民代表大会授予的涉及国家安全的其他职权。

第三十六条　中华人民共和国主席根据全国人民代表大会的决定和全国人民代表大会常务委员会的决定，宣布进入紧急状态，宣布战争状态，发布动员令，行使宪法规定的涉及国家安全的其他职权。

第三十七条　国务院根据宪法和法律，制定涉及国家安全的行政法规，规定有关行政措施，发布有关决定和命令；实施国家安全法律法规和政策；依照法律规定决定省、自治区、直辖市的范围内部分地区进入紧急状态；行使宪法法律规定的和全国人民代表大会及其常务委员会授予的涉及国家安全的其他职权。

第三十八条　中央军事委员会领导全国武装力量，

决定军事战略和武装力量的作战方针，统一指挥维护国家安全的军事行动，制定涉及国家安全的军事法规，发布有关决定和命令。

第三十九条　中央国家机关各部门按照职责分工，贯彻执行国家安全方针政策和法律法规，管理指导本系统、本领域国家安全工作。

第四十条　地方各级人民代表大会和县级以上地方各级人民代表大会常务委员会在本行政区域内，保证国家安全法律法规的遵守和执行。

地方各级人民政府依照法律法规规定管理本行政区域内的国家安全工作。

香港特别行政区、澳门特别行政区应当履行维护国家安全的责任。

第四十一条　人民法院依照法律规定行使审判权，人民检察院依照法律规定行使检察权，惩治危害国家安全的犯罪。

第四十二条　国家安全机关、公安机关依法搜集涉及国家安全的情报信息，在国家安全工作中依法行使侦查、拘留、预审和执行逮捕以及法律规定的其他职权。

有关军事机关在国家安全工作中依法行使相关职权。

第四十三条　国家机关及其工作人员在履行职责时，应当贯彻维护国家安全的原则。

国家机关及其工作人员在国家安全工作和涉及国家安全活动中，应当严格依法履行职责，不得超越职权、滥用职权，不得侵犯个人和组织的合法权益。

第四章　国家安全制度

第一节　一般规定

第四十四条　中央国家安全领导机构实行统分结合、协调高效的国家安全制度与工作机制。

第四十五条　国家建立国家安全重点领域工作协调机制，统筹协调中央有关职能部门推进相关工作。

第四十六条　国家建立国家安全工作督促检查和责任追究机制，确保国家安全战略和重大部署贯彻落实。

第四十七条　各部门、各地区应当采取有效措施，贯彻实施国家安全战略。

第四十八条　国家根据维护国家安全工作需要，建立跨部门会商工作机制，就维护国家安全工作的重大事项进行会商研判，提出意见和建议。

第四十九条　国家建立中央与地方之间、部门之间、军地之间以及地区之间关于国家安全的协同联动机制。

第五十条　国家建立国家安全决策咨询机制，组织专家和有关方面开展对国家安全形势的分析研判，推进国家安全的科学决策。

第二节　情报信息

第五十一条　国家健全统一归口、反应灵敏、准确高效、运转顺畅的情报信息收集、研判和使用制度，建立情报信息工作协调机制，实现情报信息的及时收集、准确研判、有效使用和共享。

第五十二条　国家安全机关、公安机关、有关军事机关根据职责分工，依法搜集涉及国家安全的情报信息。

国家机关各部门在履行职责过程中，对于获取的涉及国家安全的有关信息应当及时上报。

第五十三条　开展情报信息工作，应当充分运用现代科学技术手段，加强对情报信息的鉴别、筛选、综合和研判分析。

第五十四条　情报信息的报送应当及时、准确、客观，不得迟报、漏报、瞒报和谎报。

第三节　风险预防、评估和预警

第五十五条　国家制定完善应对各领域国家安全风险预案。

第五十六条　国家建立国家安全风险评估机制，定期开展各领域国家安全风险调查评估。

有关部门应当定期向中央国家安全领导机构提交国家安全风险评估报告。

第五十七条 国家健全国家安全风险监测预警制度，根据国家安全风险程度，及时发布相应风险预警。

第五十八条 对可能即将发生或者已经发生的危害国家安全的事件，县级以上地方人民政府及其有关主管部门应当立即按照规定向上一级人民政府及其有关主管部门报告，必要时可以越级上报。

第四节 审查监管

第五十九条 国家建立国家安全审查和监管的制度和机制，对影响或者可能影响国家安全的外商投资、特定物项和关键技术、网络信息技术产品和服务、涉及国家安全事项的建设项目，以及其他重大事项和活动，进行国家安全审查，有效预防和化解国家安全风险。

第六十条 中央国家机关各部门依照法律、行政法规行使国家安全审查职责，依法作出国家安全审查决定或者提出安全审查意见并监督执行。

第六十一条 省、自治区、直辖市依法负责本行政区域内有关国家安全审查和监管工作。

第五节　危 机 管 控

第六十二条　国家建立统一领导、协同联动、有序高效的国家安全危机管控制度。

第六十三条　发生危及国家安全的重大事件，中央有关部门和有关地方根据中央国家安全领导机构的统一部署，依法启动应急预案，采取管控处置措施。

第六十四条　发生危及国家安全的特别重大事件，需要进入紧急状态、战争状态或者进行全国总动员、局部动员的，由全国人民代表大会、全国人民代表大会常务委员会或者国务院依照宪法和有关法律规定的权限和程序决定。

第六十五条　国家决定进入紧急状态、战争状态或者实施国防动员后，履行国家安全危机管控职责的有关机关依照法律规定或者全国人民代表大会常务委员会规定，有权采取限制公民和组织权利、增加公民和组织义务的特别措施。

第六十六条　履行国家安全危机管控职责的有关机关依法采取处置国家安全危机的管控措施，应当与国家安全危机可能造成的危害的性质、程度和范围相适应；有多种措施可供选择的，应当选择有利于最大程度保护公民、组织权益的措施。

第六十七条　国家健全国家安全危机的信息报告和发布机制。

国家安全危机事件发生后，履行国家安全危机管控职责的有关机关，应当按照规定准确、及时报告，并依法将有关国家安全危机事件发生、发展、管控处置及善后情况统一向社会发布。

第六十八条　国家安全威胁和危害得到控制或者消除后，应当及时解除管控处置措施，做好善后工作。

第五章　国家安全保障

第六十九条　国家健全国家安全保障体系，增强维护国家安全的能力。

第七十条　国家健全国家安全法律制度体系，推动国家安全法治建设。

第七十一条　国家加大对国家安全各项建设的投入，保障国家安全工作所需经费和装备。

第七十二条　承担国家安全战略物资储备任务的单位，应当按照国家有关规定和标准对国家安全物资进行收储、保管和维护，定期调整更换，保证储备物资的使用效能和安全。

第七十三条　鼓励国家安全领域科技创新，发挥科技在维护国家安全中的作用。

第七十四条 国家采取必要措施，招录、培养和管理国家安全工作专门人才和特殊人才。

根据维护国家安全工作的需要，国家依法保护有关机关专门从事国家安全工作人员的身份和合法权益，加大人身保护和安置保障力度。

第七十五条 国家安全机关、公安机关、有关军事机关开展国家安全专门工作，可以依法采取必要手段和方式，有关部门和地方应当在职责范围内提供支持和配合。

第七十六条 国家加强国家安全新闻宣传和舆论引导，通过多种形式开展国家安全宣传教育活动，将国家安全教育纳入国民教育体系和公务员教育培训体系，增强全民国家安全意识。

第六章 公民、组织的义务和权利

第七十七条 公民和组织应当履行下列维护国家安全的义务：

（一）遵守宪法、法律法规关于国家安全的有关规定；

（二）及时报告危害国家安全活动的线索；

（三）如实提供所知悉的涉及危害国家安全活动的证据；

（四）为国家安全工作提供便利条件或者其他协助；

（五）向国家安全机关、公安机关和有关军事机关提供必要的支持和协助；

（六）保守所知悉的国家秘密；

（七）法律、行政法规规定的其他义务。

任何个人和组织不得有危害国家安全的行为，不得向危害国家安全的个人或者组织提供任何资助或者协助。

第七十八条　机关、人民团体、企业事业组织和其他社会组织应当对本单位的人员进行维护国家安全的教育，动员、组织本单位的人员防范、制止危害国家安全的行为。

第七十九条　企业事业组织根据国家安全工作的要求，应当配合有关部门采取相关安全措施。

第八十条　公民和组织支持、协助国家安全工作的行为受法律保护。

因支持、协助国家安全工作，本人或者其近亲属的人身安全面临危险的，可以向公安机关、国家安全机关请求予以保护。公安机关、国家安全机关应当会同有关部门依法采取保护措施。

第八十一条　公民和组织因支持、协助国家安全工作导致财产损失的，按照国家有关规定给予补偿；造成人身伤害或者死亡的，按照国家有关规定给予抚恤优待。

第八十二条 公民和组织对国家安全工作有向国家机关提出批评建议的权利，对国家机关及其工作人员在国家安全工作中的违法失职行为有提出申诉、控告和检举的权利。

第八十三条 在国家安全工作中，需要采取限制公民权利和自由的特别措施时，应当依法进行，并以维护国家安全的实际需要为限度。

第七章 附 则

第八十四条 本法自公布之日起施行。

关于《中华人民共和国国家安全法（草案）》的说明

——2014年12月22日在第十二届全国人民代表大会常务委员会第十二次会议上

全国人大常委会法制工作委员会主任　李适时

全国人民代表大会常务委员会：

我受委员长会议的委托，作关于《中华人民共和国国家安全法（草案）》的说明。

一、制定本法的必要性

维护我国国家安全，是中国特色社会主义建设事业顺利进行、实现国家长治久安和中华民族伟大复兴的重要保障。党和国家历来高度重视维护国家安全工作，始终把维护国家安全作为党和国家的一项基础性工作。新中国成立后，为应对严峻复杂形势，我国制定了一系列维护国家安全的法律法规，对维护国家安全发挥了重要作用。党的十八大以来，为适应我国国家安全面临的新形势新任务，以习近平同志为总书记的党中央提出总体国家安全观，强调全面维护各领域国家安全，对加强国家安全工作作出了重要部署。按照中央部署和贯彻落实总体国家安全观的要求，适应我国国家安全面临的新形势、新任务，制定一部具有综合性、全局性、基础性的国家安全法，是十分必要的。

一是，当前，我国国家安全的形势日益严峻，面临着对外维护国家主权、安全、发展利益，对内维护政治安全和社会稳定的双重压力，各种可以预见和难以预见的风险因素明显增多，非传统领域安全日益凸显。国家安全内涵和外延比历史上任何时候都要丰富，时空领域比历史上任何时候都要宽广，内外因素比历史上任何时候都要复杂。我国已有的国家安全立法同我国所处的战略安全环境、各项事业发展的新要求相比，还远远不相适应。制定一部应对国家安全各种威胁和风险，统领国家安全各领域工作的法律，有紧迫的现实需要。

二是，党中央立足我国国情提出的总体国家安全观，是做好新时期国家安全工作的根本遵循。为此，有必要以法律的形式确立总体国家安全观的指导地位，科学界定国家安全的内涵和外延，明确维护国家安全的各项任务，建立健全国家安全制度和国家安全保障措施，为构建国家安全体系，走出一条中国特色国家安全道路奠定坚实的法律基础。

三是，为落实党的十八届三中全会要求，党中央成立了中央国家安全委员会，建立了集中统一、高效权威的国家安全领导体制。针对维护国家安全工作存在的国家安全资源和力量分散，统筹协调不够；国家安全战略规划缺乏，顶层设计不够；情报信息捕捉滞后，综合研判不够；应对机制运转迟缓，快速反应不够等问题，有必要以法律的形式确立国家安全工作的相关制度，明确各部门、各地方维护国家安全的职责，规范国家机关、公民和组织维护国家安全的责任、权利和义务，形成维护国家安全的整体合力。

四是，党的十八届四中全会指出，贯彻落实总体国家安全观，加快国家安全法治建设，抓紧出台反恐怖等一批急需法律，推进公共安全法治化，构建国家安全法律制度体系。1993 年公布施行的国家安全法，主要是规定国家安全机关履行的职责特别是反间谍工作方面的职责，已难以适应全面维护各领域国家安全的需要。为此，本届全国人大常委会第十一次会议审议通过了《中华人民共和国反间谍法》，相应废止了原有的国家安全法。在此基础上，制定一部立足全局、统领国家安全各领域立法工作的综合性法律，同时为制定其他有关维护国家安全的法律提供基础支撑，有利于形成与维护国家安全需要相适应，立足我国国情、体现时代特点，系统完备、科学规范、运行有效的中国特色国家安全法律制度体系，为维护我国国家安全提供坚实的法律制度保障。

二、草案起草过程和立法的指导思想、工作思路

按照中央的部署，2014年4月成立了国家安全法立法工作领导小组。中央国家安全委员会办公室会同全国人大常委会法制工作委员会组建了由十几个有关部门参加的工作专班，着手国家安全法起草工作。在起草过程中，认真研究近年来全国人大代表、政协委员和社会各界人士有关意见建议；分类整理国内外有关立法资料，特别是美国、俄罗斯等主要国家相关法律；书面征求53个中央部门意见，召开多场座谈会，并到广东等十几个地方调研或者召开地方座谈会，广泛听取部门、地方和专家学者的意见。形成国家安全法（草案）稿后，又分别征求了中央有关方面和国务院法制办、最高人民法院、最高人民检察院以及有关专家的意见，经反复研究沟通，对修改稿进一步完善，形成了《中华人民共和国国家安全法（草案）》。

制定本法的指导思想是，坚持以邓小平理论、“三个代表”重要思想、科学发展观为指导，深入贯彻习近平总书记系列重要讲话精神，深入贯彻总体国家安全观，以人民安全为宗旨，以政治安全为根本，以经济安全为基础，以军事、文化、社会安全为保障，以促进国际安全为依托，构建中国特色国家安全制度体系，推进国家治理体系和治理能力现代化，为实现国家长期可持续安全提供坚实的法治保障。

制定本法的思路：一是全面贯彻中央精神，把握正确政治方向。国家安全法的政治性、政策性很强，要按照中央的要求，从维护国家核心利益出发，在本法中全面贯彻落实总体国家安全观和中央一系列关于国家安全的方针政策。二是以问题为导向，着力解决国家安全领域的突出问题。根据国家安全新形势新特点，明确维护国家安全的基本原则和任务，重点解决国家安全各领域带有普遍性的问题和亟待立法填补空白的问题，同时为今后制定相关法律法规预留空间，埋好接口。三是坚持从我国国情出发，体现中国特色。要做到统筹国内国际两个大局，借鉴别国有益经验，但绝不照抄照搬，要立足我国基本国情，从我国国家安全面临的新形势、新任务出发，体现中国特色，走中国特色国家安全道路。

三、草案的主要内容

草案共七章八十二条。

（一）关于国家安全的含义和国家安全工作的指导思想

国家安全，通常既指国家处于安全状态，又指国家维持这种安全状态的能力。国家安全与国家利益紧密相关，维护国家安全就是维护国家利益，既包括核心利益又包括核心利益之外足以影响国家安全的其他重大利益。

为此，草案规定："国家安全是指国家政权、主权、统一和领土完整、人民福祉、经济社会持续健康发展和其他重大利益相对处于没有危险和不受内外威胁的状态，以及保障这种可持续安全状态的能力。"

总体国家安全观，是做好新形势下国家安全工作的根本遵循。为此，草案规定："国家安全工作应当坚持总体国家安全观，走中国特色国家安全道路。"

（二）关于国家安全领导体制和有关国家机构的职责

我国宪法确立了中国共产党的领导地位。坚持党对国家安全工作的领导，是维护国家安全的必然要求，是发挥党总揽全局、统筹协调作用的重要体现。为此，草案规定："坚持中国共产党对国家安全工作的领导，建立集中统一、高效权威的国家安全领导体制"；"中央国家安全领导机构负责国家安全工作的决策和议事协调，研究制定、指导实施国家安全战略和有关重大方针政策；统筹协调国家安全重大事项和重要工作；推动国家安全法治建设"。

根据宪法和法律规定，草案第三章规定了全国人大及其常委会、国务院、中央军委、中央各部门和地方包括香港、澳门两个特别行政区维护国家安全方面的责任，并对各级国家机关及其工作人员履行职责应当贯彻维护国家安全的原则作出专门规定。

（三）关于维护国家安全工作的基本原则

按照总体国家安全观的要求，根据宪法和有关法律的规定，草案明确了维护国家安全工作的原则，即坚持法治和保障人权原则、坚持维护国家安全与经济社会发展相协调和统筹各领域安全原则、坚持标本兼治、预防为主原则、坚持专门工作与群众路线相结合原则。此外，为彰显我国促进共同安全，维护世界和平的意愿，草案规定“维护国家安全，应当坚持互信、互利、平等、协作，积极同外国政府和国际组织开展安全交流合作，有效履行国际安全义务，促进共同安全，维护世界和平”。

（四）关于维护国家安全的任务

按照总体国家安全观的要求，草案第二章规定了维护国家安全的根本任务，以及维护政治安全、国土安全、军事安全、经济安全、文化安全、社会安全、科技安全、信息安全、生态安全、资源安全和核安全等各项具体任务。

维护国家安全要坚持以民为本、以人为本，坚持国家安全一切为了人民、一切依靠人民，真正夯实国家安全的社会基础。草案突出体现了“以人民安全为宗旨”的国家安全观念，在立法宗旨中强调“保护人民的根本利益”；在基本原则中强调“尊重和保障人权，保护公民的合法权利和自由”；把“确保人民安全”纳入维护国家安全的任务，作为兜底条款加以明确；规定国家安全危机管控处置中，有多种措施可供选择的，“应当选择有利于最大程度保护公民、组织权益的措施”；此外，在草案第六章中还规定了公民和组织维护国家安全的各项权利。

（五）关于国家安全制度和保障措施

维护国家安全，要靠制度、机制和保障措施来支撑。草案第四章在总结以往实践经验的基础上，明确了建立国家安全制度的基本要求即“建立统分结合、协调高效的国家安全制度”和工作协调、督促检查、会商研判、协同联动、决策咨询等机制。还从维护国家安全工作的现实需要出发，建立健全了维护国家安全的五项具体制度，一是，国家安全战略的制定、实施和监督；二是，建立健全统一的情报信息收集研判制度；三是，建设国家安全风险预案体系，建立风险评估、风险预警以及国家安全事件报告制度；四是，建立国家安全重大事项的审查和监管制度；五是，建立国家安全危机管控制度。

草案第五章还规定，国家建立健全与维护国家安全需要相适应、与经济社会发展相协调的国家安全保障措施，不断提升维护国家安全的能力，并分别对财政、物资、科技、专门人才、专门工作手段和宣传教育保障作了规定。草案还明确每年 4 月 15 日为全民国家安全教育日。

（六）关于公民、组织的权利义务

草案规定，公民和组织支持、协助国家安全工作导致财产损失或者人身伤害、死亡的，有获得补偿或者抚恤的权利，对国家安全工作有提出批评建议的权利，对国家机关及其工作人员在国家安全工作中的违法、失职行为有申诉控告和检举的权利。

在赋予权利的同时，草案明确了公民和组织维护国家安全的义务，强调国家安全人人有责。草案还明确中国的主权和领土完整不容分割。维护国家主权、统一和领土完整是包括港澳同胞和台湾同胞在内的全体中国人民的共同义务。草案第六章规定了公民和组织的一般性义务，机关、团体、企业事业组织和社会组织的教育动员义务，企业事业组织的特殊义务等。

《中华人民共和国国家安全法（草案）》和以上说明是否妥当，请审议。